Motorräder

vmb
PUBLISHERS

INHALT

TEXT
ADRIANO TOSI

GRAFISCHE GESTALTUNG
PAOLA PIACCO

REDAKTIONELLE BEARBEITUNG
GIORGIO FERRERO

EINFÜHRUNG

Motorrad bedeutet Leidenschaft, unmittelbaren Kontakt zu der Umgebung und Adrenalin pur; das, was nur ein naturgemäss instabiles Fahrzeug geben kann, sprich ein Fahrzeug mit zwei Rädern. Aber das Motorrad ist auch ein Kultobjekt, ein „Kunstwerk", das hingebungsvoll betrachtet, poliert und gepflegt sein will. Und zu guter Letzt bieten die zweirädrigen Kraftfahrzeuge die einzige Möglichkeit, dem Verkehrschaos zu entkommen und erweisen sich damit als ein einfaches, praktisches und schier unersetzliches Transportmittel vom dem es nicht nur für jeden Geschmack, Anspruch und Geldbeutel, sondern auch für jeden Fahrstil das Passende gibt. Diesem äusserst demokratischen Fahrzeug sind diese Seiten gewidmet, die weder eine minutiöse Beschreibung der Produktion von ihren Anfängen bis zur heutigen Zeit, noch ein Handbuch für Fanatiker von Zylinderbohrung und Kolbenhub sein wollen.

1
Die F4 von MV Agusta aus dem Jahr 2008.

2-3
Der grösste Zweizylinder Europas (1,4 Liter) bedient die Guzzi California.

Der Zeitraum von über 120 Jahren, mit dem man es zu tun hat, wenn man die Entstehung der motorbetriebenen Zweiräder auf 1885 festlegt – dem Jahr, in dem Gottfried Daimler das erschuf, was heute einstimmig als das erste Motorrad betrachtet wird – kann im Wesentlichen in vier Phasen gegliedert werden, die alle durch die Einführung einer technischen Neuheit oder eines Modells, das aus irgendeinem Grund Geschichte

gemacht hat, eingeläutet worden sind. Wären wir unserer inneren Stimme gefolgt, hätten wir eine Enzyklopädie verfasst, aber das war nicht der Sinn dieses Buches, und so kann es durchaus vorkommen, dass so mancher Liebhaber in dieser Auswahl seine Geliebte vermissen wird. Aber wir haben uns bemüht, möglichst viele Motorradtypen, Marken und Hubräume zu berücksichtigen.

4
In den 50er- und 60er-Jahren ist die Vespa ein echter Kult.

5
Der grosse Erfolg der Naked Bikes ist auch Verdienst der Ducati Monster.

6-7
Honda Gold Wing: die Japanerin ist der Inbegriff der grossen Tourenmaschinen.

8-9
R1100RS: die erste BMW mit Telelever und Paralever.

Kapitel 1

VOM BEGINN BIS ZUR FRÜHEN NACHKRIEGSZEIT

10

Das Reitrad von Daimler gilt als erstes Motorrad der Geschichte.

WENN MAN SIE HEUTE SO SIEHT, FLÖSSEN SIE EINEM FAST MUTTERGEFÜHLE EIN. ODER ANGST, BEI DER VORSTELLUNG, SIE ZU FAHREN. OFFENGESTANDEN FÄLLT ES EINEM FAST SCHWER, SIE ÜBERHAUPT MOTORRÄDER ZU NENNEN, WENN MOTORRÄDER DAS SIND, WAS WIR IM JAHR 2013 DARUNTER VERSTEHEN. DIE DER PIONIERE SIND PRAKTISCH NUR ETWAS STABILER GEMACHTE FAHRRÄDER, AN DIE MIT HALSBRECHERISCHEM MUT MOTOREN GEBASTELT WORDEN SIND. ANGESICHTS IHRER LEISTUNG UND ZUVERLÄSSIGKEIT SIE ÜBERHAUPT ALS MOTOREN ZU BEZEICHNEN, KLINGT ERSTAUNLICH OPTIMISTISCH. ABER GENAU DAS IST DER SPRINGENDE PUNKT: ES GILT HIER VORURTEILE AUS DEM WEG ZU RÄUMEN, DENN DER WERDEGANG VON DEM RUDIMENTÄREN EXPERIMENT GOTTLIEB DAIMLERS BIS ZU DEN ERSTEN JAHREN NACH DEM ZWEITEN WELTKRIEG GEHT HÖCHST BEEINDRUCKEND VON-STATTEN. MOTORRADRAHMEN, TRIEBWERKE, MATERIALIEN UND BREMSEN MACHEN RIESENGROSSE FORTSCHRITTE, UND DIE LUFTBEREIFUNG WIRD EINGEFÜHRT (VOR-HER WAREN DIE RÄDER AUS EISEN). ABER GEHEN WIR DER REIHE NACH VOR: ENDE DES 19. JAHRHUNDERTS ERSCHEINEN EINE VIELZAHL VON MECHANIKERN, INGENIEUREN UND HANDWERKERN AUF DER BILDFLÄCHE, DIE ALLE AN DEM NEUEN TRANSPORTMITTEL HERUMSCHRAUBEN, UND IRGENDJEMAND INSTALLIERT DABEI EINEN EXPLOSIONSMOTOR AUF EINEM KARREN UND HÄNGT IHN AN EIN GANZ NORMALES FAHRRAD, DAS DADURCH ANGESCHOBEN WIRD (ENRICO BERNARDI, 1896).

12-13
Der Entwurf von Enrico Bernardi ist weniger
ein Motorrad, als vielmehr ein Fahrrad,
das durch einen motorisierten Karren
angeschoben wird.

Andere platzieren das Triebwerk hingegen als
„Innenborder", wie eben Gottlieb Daimler,
aber auch Hildebrand und Wolfmüller (1894)
oder Werner (1898). Die Anzahl der Räder
spielt noch keine Rolle, alle zwei- und drei-
rädrigen Fahrzeuge werden gleichermassen als Krafträder klassifiziert. Auch was die
Konstruktion der Triebwerke angeht, ist der
Fantasie keine Grenzen gesetzt; sie gehen von
einem bis zu fünf Zylindern und sind linear,
V- oder sternförmig angeordnet. Als eines
der ersten wirklichen Krafträder kann das
FN-Motorrad der belgischen Firma Fabrique
Nationale de Guerre betrachtet werden. Die
gesamte Serie bietet interessante und für
die damaligen Verhältnisse ungewöhnliche
Lösungen wie die Federgabel, Luftreifen,
einen robusten Reihenvierzylinder-Motor mit
einer Hubraumgrösse von 362 cm3 (der in der
Folge weiterentwickelt und vergrössert wird)
sowie das Anfahren durch das Treten von
Pedalen.

Die FN ist ein durchdachtes Produkt, wovon die Verwendung des Antriebs mit Kardangelenk zeugt, der teurer, aber auch wesentlich zuverlässiger als der Kettenantrieb ist. Apropos Zuverlässigkeit, die Verantwortlichen der Fabrique Nationale lassen sich etwas einfallen, was heute als Geniestreich des Marketing definiert werden würde: Um das noch unerfahrene Publikum zu überzeugen legen sie das erste Exemplar in die geschickten Hände des Piloten Osmont, der damit auf Europatour geht und seine Route trotz der holperigen,

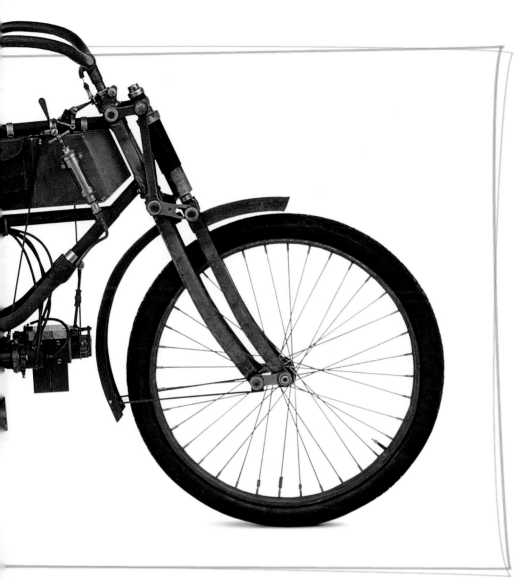

kurvenreichen und sehr staubigen Strassen
absolut souverän bewältigt. Die FN ist ein
teures Motorrad, aber die Fabrik wird mit
Aufträgen überschwemmt, und der Erfolg hält
bis 1930 an, dem Jahr, in dem das Modell in
Pension geschickt wird.

14-15
Bei der FN sind die vier Zylinder sichtbar im
Inneren des Fahrgestells aufgereiht.

16
Das amerikanische Rote Kreuz benutzt im Ersten Weltkrieg die Harley-Davidson als Fortbewegungsmittel.

17
Eine der ersten V-Twin; ihr Motor ist zum Markenzeichen von Harley geworden.

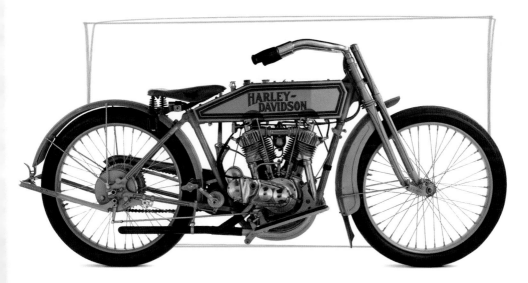

Ausser in Belgien liegen die Wiegen des Motorrads in Italien, Deutschland, England und den USA, wo ein paar Abenteurer sogar begonnen haben, Rennfahrten zu veranstalten und damit Forschung und Entwicklung einen ganz erheblichen Auftrieb geben - bis die grossen Weltmächte zum 1. Weltkrieg aufrüsten. Ein düsteres Ereignis, das aber zu einer Optimierung der Motorräder beiträgt, die dank der Militäraufträge eine neue Qualität erreichen und nun vor allem zuverlässiger funktionieren. Die USA verfügen über mehr als 40.000 Harley-Davidson zur Verschiebung der Truppen auf dem Landweg und die Firma aus liefert dem Heer zwei Ein- und drei Zweizylindermaschinen mit ca. 1 Liter Hubraum. Harley-Davison tritt als weltgrösster Motorradhersteller aus dem 1. Weltkrieg und nimmt sogleich den Wettkampf um die beste Leistungsfähigkeit auf, um im Jahr 1921 den Geschwindigkeitsrekord auf 160 km/h zu schrauben.

In Italien Beginn des 19. Jahrhunderts wendet Frera bei ihrer Fertigung industrielle Methoden an, wodurch sie zum Hauptlieferant von Militärfahrzeugen im Ersten Weltkrieg avanciert. Auf den Trümmern des Weltkonfliktes rufen im Jahr 1921 Carlo Guzzi und Giorgio Parodi eine der wichtigsten Markenzeichen der italienischen Motorradproduktion ins Leben: Die Normale 500 von Moto Guzzi geht in serienmässige Fertigung, sie hat drei Gänge und einen hori-

zontalen Einzylindermotor mit einem Hubraum
von 499 cm3, der 8 PS bei 3.200 Umdrehungen
leistet und es auf eine Geschwindigkeit von 85
km/h bei einem Verbrauch von etwas weniger als
3 Litern pro 100 km bringt.

18-19
1921 wird Moto Guzzi in Mandello Lario
(Lecco) gegründet und bringt die Normale
heraus.

In Amerika erlebt hingegen Indian zwischen 1920 und 1930 dank der Modelle Chief und Big Chief des Jahres 1923 einen Boom sonder- gleichen: ein „Kreuzer" mit 193 kg Gewicht und einer Höchstgeschwindigkeit von 145 km/h. Firmen schiessen

wie Pilze aus dem Erdboden, die Lust am Rennsport ist entfacht, und der Wettkampf wird zum idealen Schauplatz, um neue technische Entwicklungen vorzuführen. Im Jahr 1922 wird auf der gerade eröffneten Rennbahn in Monza der G.P. der Nationen ausgetragen, wobei der Name des Rennens sowohl im Motocross als auch bei Geschwindigkeitsrennen Anwendungen findet. Abgesehen vom G.P. der Nationen werden überall Rennen veranstaltet, und man scheut vor keiner Bedingung zurück: Sicherheit ist noch keine grundlegende Voraussetzung, und die Piloten messen sich zwischen Häusern, Mauern und Prellsteinen, dicht an der Menschenmenge, die sich an den Strassenseiten drängt, um sie anzufeuern. Nur etwas für Männer mit einer Riesenportion Mut, unter denen ein gewisser Tazio Nuvolari hervorsticht, ein Denkmal der Geschwindigkeit und der Bravour auf zwei und vier Rädern.

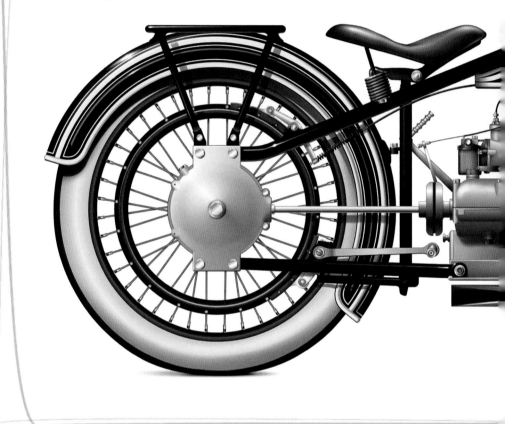

22-23
Die R32 führt einen Grundpfeiler
der Motorräder von BMW ein, den
Zweizylinder-Boxermotor.

Im Jahr 1923 wird ein weiterer Grundstein der Motorradwelt gelegt, BMW den Zweizylinder-Boxer mit Kardanantrieb auf den mark bringt. Die von Max Friz entworfene R32 kann als grösste Konkurrenz der Normale angesehen werden, wenn man bedenkt, dass ihr Hubraum (486 cm3) praktisch identisch ist, wie auch ihre Leistung mit 8,5 PS, gegenüber der Italienerin fällt bei ihr jedoch die Endbearbeitung mit mehr Liebe zum Detail aus, hier hat nicht nur das Hinterrad, sondern auch das Vorderrad eine Bremse.

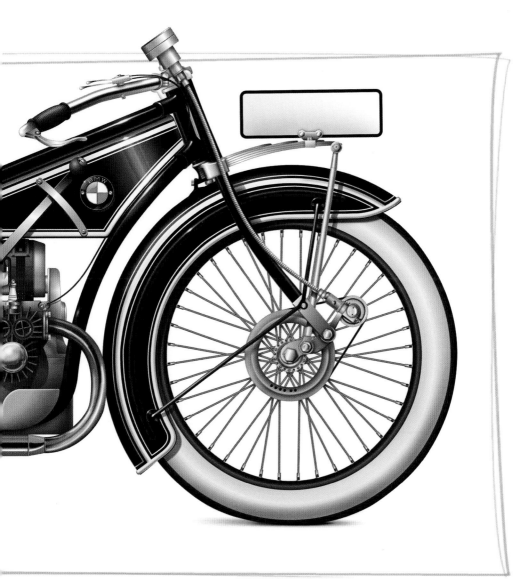

Motorrad bedeutet aber nicht nur Technik und Leistung. Es soll auch schön sein und so bringen in den Dreissigerjahren die ersten Zweirad-Ästhetiker Verchromungen an. Die silberglänzende Speed Twin von Triumph wird zu einem entscheidenen Modell für die englische Firma, die damit die Grundlage für fortan blühende Geschäfte legt. Doch gegen Ende der Dreissigerjahre hat die Welt es schon wieder mit einer auf internationaler Ebene extrem angespannten Lage zu tun, die 1939 in den Zweiten Weltkrieg mündet.

Kapitel 2

VOM KRIEG BIS ZUR
ÄRA DER MOTORROLLER

24
Auch von Guzzi gibt es „Kriegsmodelle", sie waren zuverlässig, aber etwas überholt.

WIE SCHON IM ERSTEN WELTKRIEG WIRD DIE PRODUKTION VON MOTORRÄDERN AUCH ZWISCHEN ENDE DER 30ER UND ANFANG DER 40ER-JAHRE PRAKTISCH VÖLLIG VON MILITÄRAUFTRÄGEN ABSORBIERT. AM BESTEN AUSGERÜSTET SIND DIE DEUTSCHEN TRUPPEN, FÜR DIE BMW UND ZÜNDAPP EIGENS GESPANNE MIT HINTERRADANTRIEB UND VERSTÄRKUNGEN SOWOHL AN DER AUFHÄNGUNG ALS AUCH AM RAHMEN ENTWERFEN UND LIEFERN. IN ITALIEN SCHREIBT DAS HEER EINE EXTREM EINFACHE KONSTRUKTION VOR, UM DEN PROBLEMEN VORZUBEUGEN, DIE IM ERSTEN WELTKRIEG AUFGEKOMMEN WAREN. DAMALS WAR DER MANGEL AN ERSATZTEILEN MIT EINEM NOTGEDRUNGENEN VERZICHT AUF VIELE MOTORRAD-GESPANNE BEZAHLT WORDEN. FAST ALLE FIRMEN – GUZZI, BIANCHI, GILERA USW. – NEHMEN DIE FORDERUNGEN AUF SICH, DIE DER KRIEG AN SIE STELLT, JEDOCH WERDEN DIE FAHRZEUGE NUR GERINGFÜGIG AN DIE BEDÜRFNISSE DES HEERES ANGEPASST. DIES WAR ÜBRIGENS IN FRANKREICH UND ENGLAND NICHT ANDERS. WENN DIE MOTORRADHERSTELLER AUCH DANK DER GROSSEN ANZAHL AN MILITÄRAUFTRÄGEN ÜBERLEBEN KONNTEN, SO BRINGEN DIE KRIEGSJAHRE IN HINBLICK AUF QUALITÄT UND TECHNIK KEINERLEI NEUE ENTWICKLUNGEN.

26-27
Die BMW R75 ist eines der effizientesten
Motorräder des Zweiten Weltkrieges.

1945 am Ende des Krieges, liegt Europa am Boden, und Italien macht da keine Ausnahme. Aber schon im selben Jahr setzt der geniale Corradino d'Ascanio eine Idee in die Welt, die weltweit zu einer Legende werden soll sowie zum Symbol für ein Italien, das wieder in Bewegung kommt: die Vespa. Der erste Prototyp wird mit grossem Enthusiasmus aufgenommen und ihre Einführung auf dem Markt im April 1946 wird zur logischen Konsequenz. Mit ihren Rädchen von gerade mal 8 Zoll Durchmesser, dem Schild zum Schutz der Beine, dem freien Durchstieg und der asymmetrischen Mechanik sind Gleichgewicht und Fahrbarkeit eine fragwürdige Angelegenheit. Die Puristen rümpften die Nase, während die Vespa ohne darauf Rücksicht zu nehmen Karriere macht und sich vom einfachen Transportmittel zum Kulturphänomen entwickelt. Ihre Produktvielfalt und bietet den Fahrern jeden Alters und jeden Vermögens eine breite Auswahl an Modellen. Und zu guter Letzt hat Piaggio mit der Vespa einen neuen Typ erfunden: den Motorroller.

28-29
Eine der ersten Vespas. Man erkennt sie am Scheinwerfer auf dem Kotflügel.

29 oben
Eine der ersten neugestylten Vespas. Der Scheinwerfer sitzt jetzt im Lenker.

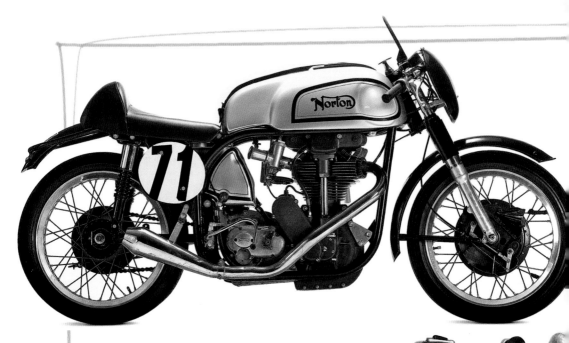

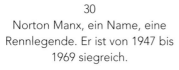

30
Norton Manx, ein Name, eine
Rennlegende. Er ist von 1947 bis
1969 siegreich.

30-31
1956 erscheint eine der berühmtesten
NSU auf zwei Rädern, die Max 250.

Der wirtschaftliche und moralische Wiederaufbau des alten Kontinents läuft auch über den Bahnsport ab. 1947 braust aus den Toren der englischen Firma Norton ein Modell, das bald zu einer Rennbahn-Legende werden soll: die Manx. Ursprünglich hatte sie einen Einzylindermotor mit einzelner, obenliegender Nockenwelle und ein sehr einfaches Fahrgestell; in der Folge macht sie eine Vielzahl von Entwicklungen durch, von denen die wichtigste im Jahr 1950 die Verwendung des Federbett-Rahmens ist. Dieser verleiht ihr eine so hohe Fahrpräzision und Strassenhaftung, dass sie bis 1969 auf allen Rennstrecken der Welt triumphiert

In Deutschland macht hingegen die NSU von sich reden, und zwar vor allem wegen der 250er Max, die die einzelne, obenliegende Nockenwelle mit Schubstangensteuerung einführt. Diese Lösung findet später auch bei Prinz, dem Automodell des Hauses, Verwendung.

Und in Italien? In den Motorradrennen der 50er-Jahre feiert die MV Agusta Triumphe. Von der 80 cm3-Kategorie bis zur 500 heimst der italienische Hersteller Weltmeistertitel ein und poliert das Image des Landes im Hinblick auf seine Technologie auf.

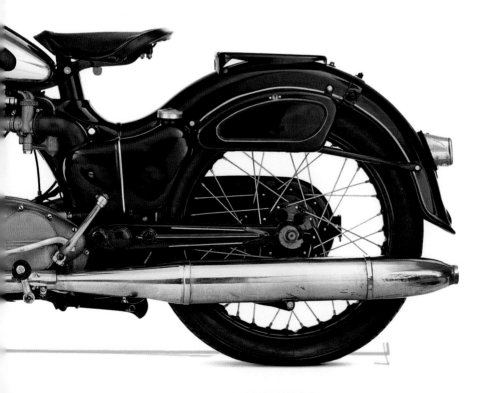

32-33
MV dominiert fast alle Kategorien der
Weltmeisterschaften in den 50er-Jahren.

In Amerika betritt indessen die Sportster die Szene: Harley-Davidson bringt das Modell im Jahr 1957 auf den Markt; es soll zum beständigsten ihrer Geschichte werden. Als Alternative zu den englischen Motorrädern konzipiert, die sich auf dem amerikanischen Markt durchgesetzt hatten, ist sie mit ihren 883 cm3 die kleinste Maschine der Serie. Der männliche Chauvinismus des amerikanischen Durchschnittsmotorradfahrers qualifiziert die Sportster sofort als eine Harley für Weicheier ab. Dabei bietet die Jüngste des Hauses in Wirklichkeit dank des reduzierten Gewichtes und der tiefen Schwerpunktlage eine Beweglichkeit, von der ihre Schwestern nur träumen können. Eine Gabe, die ihr zusammen mit dem erschwinglicheren Preis auch in Europa, wo der American Way of Life eine fast unwiderstehliche Faszination ausübt, viel Zustimmung einbringt.

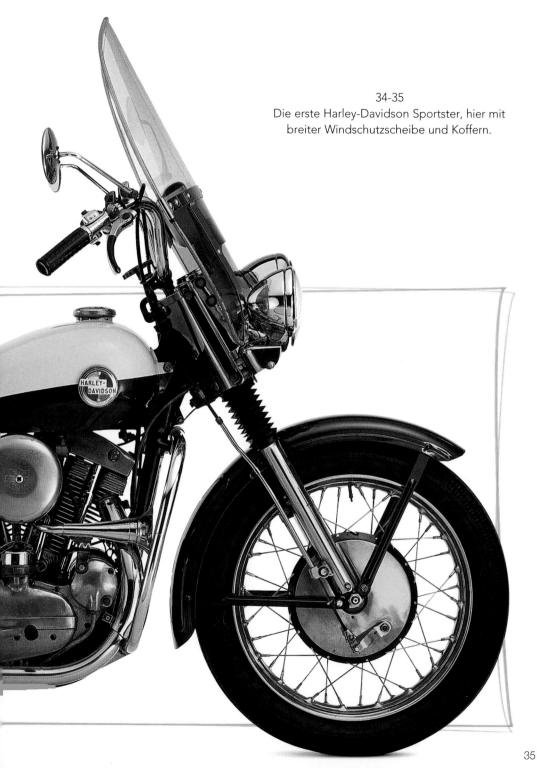

34-35
Die erste Harley-Davidson Sportster, hier mit
breiter Windschutzscheibe und Koffern.

Apropos legendär, wie könnte man die Bonneville von Triumph übergehen, die wie die Sportster gegen Ende der 50er-Jahre ins Leben gerufen wird und wie sie Entwicklungen durchläuft, die sie zu einem der beliebtesten Modelle avancieren lässt. Die „Bonnie" (in Lizenz gebaut) überlebt sogar die Schliessung der Triumph von 1983 bis 1991. Anfang der 60er-Jahre kommt hingegen eine neue Mode auf. Die amerikanischen Motorradfahrer wollen eine Maschine, die in Schräglage genauso wie auf Schotterstrassen in ihrem Element ist. Das Phänomen der R1200 GS

von BMW geht auf diese Zeit zurück, als Ducati die Scrambler herausbringt.

Ein durchschlagender Erfolg, der der Firma aus Bologna dazu verhilft, in diesen Jahren des radikalen Umbruchs standzuhalten. Die frühen 60er-Jahre sind die Jahre der Dolce Vita, und das Motorrad wird für die Italiener zum Lustobjekt. 1968 debütiert die Scrambler und bringt es bis 1976 auf die stolze Absatzzahl von 50.000 Exemplaren. Das Modell enthält bereits die Merkmal, die die Grundlage der späteren Erfolge von Ducati bilden.

36
650 cm3 Hubraum, 48 PS: die Bonneville, ein Mythos aus dem
Hause Triumph.

37
Die Ducati Scrambler wird mit Motoren der Hubraumgrössen
125, 250, 350 und 450 cm3 hergestellt.

Man kann nicht umhin, unter den Spitzenmodellen, die in den 60er-Jahren entstanden sind, schliesslich die Electra Glide von Harley-Davidson und die Rocket von BSA zu erwähnen. Die Erstgenannte ist beispielhaft für die chamäleonhafte Anpassungsfähigkeit der amerikanischen Firma, die den elektrischen Knopfdruckanlasser einführt, ohne der Tradition abtrünnig zu werden, die aus Zweizylindern und einer Fülle von Verchromungen besteht. Die Zweitgenannte geht hingegen in die Geschichte als Vorreiter des legendären Dreizylindermotors Triumph ein (die Firma gehörte damals zur Gruppe BSA), der der britischen Handelsmarke ein gutes Los bescheren sollte. Und während die 60er-Jahre zu Ende gehen, steht eine wahrhaftige Revolution bevor, die von den Japanern angefacht wird.

38-39
Die Electra Glide von Harley gibt 1965 ihren Einstand. Sie wird von einem V2-Motor mit 1.200 cm3 und 60 PS angetrieben.

39
Das Design der BSA Rocket 3 ist nicht besonders einfallsreich, aber Motor und Rahmen sind umso raffinierter.

1968: HIGHTECH HÄLT EINZUG

40
Die Honda CB Four steht für Zuverlässigkeit, Performance und Spitzentechnologie.

Tokyo Motor Show 1968: Das Geburtsjahr des modernen Motorrads. In der fernöstlichsten aller Ausstellungen der Welt debütiert die CB 750 Four von Honda, ein bahnbrechendes Projekt, an dem sich in den folgenden Jahren jeder Motorradhersteller messen lassen muss: Alles, was das Nonplusultra der Technik von damals darstellte, findet sich zum ersten Mal in einem in grosser Serie gebauten Motorrad wieder. Der Vierzylinder-Viertakt-Reihenmotor war zum Beispiel schon seit Längerem bei den italienischen Motorrädern verwendet worden, aber nur bei den für Rennen konzipierten Maschinen. Die sensationelle Errungenschaft der Japaner bestand darin, einer bis dato elitären Technik die Türen zum Alltagsgebrauch geöffnet zu haben. Der Motor der CB 750 Four besticht nicht nur mit seiner Auslegung als Vierzylinder, sondern auch durch seine Ventilsteuerung, die anstatt über Stössel und Kipphebel über eine Steuerkette arbeitet und damit grosse Zuverlässigkeit und einfache Wartung bietet. Und schliesslich lassen erstklassige, perfekt montierte Materialien, die die Produktionskosten nicht allzu sehr belasten, das Motorrad so präzise wie ein Schweizer Uhrwerk funktionieren.

Das Ergebnis: Honda wird zum Symbol für Beständigkeit und Qualität, die Verchromungen sind bei ihr langlebig und mechanische Ausfälle selten. Aber die CB 750 Four hat noch mehr, denn mit ihrem elektrischen Anlasser, der vorderen Scheibenbremse, dem Fünfganggetriebe und dem modernen Rahmen gibt sie auch heute ein gutes Bild ab und zwischen 1969 und 1978 werden 600.000 Exemplare verkauft. Bald ziehen Kawasaki und Suzuki nach und rüsten zur Eroberung der europäischen und amerikanischen Strassen. Das Paradepferd von Kawasaki heisst Mach III; „drei" wie die Zylinder ihres Zweitaktmotors mit 500 cm3 Hubraumgrösse, der 60 PS leistet und sie vor allem durch einfaches Aufdrehen des Gasgriffes ein Wheelie machen lässt. Bei Suzuki kommt der Erfolg in Gestalt der GT750 mit einem Dreizylinder-Zweitaktmotor und dem ersten System der Abgasrückführung zur Verringerung des Schadstoffausstosses. Die GT750 ist mit ihren 70 PS und einer Höchstgeschwindigkeit von 176 km/h vor allem eine Rennmaschine. Die Japaner sind inzwischen nicht mehr aufzuhalten, und die Engländer, Amerikaner und Italiener scheinen den Rückzug antreten zu wollen. Doch der Schein trügt und dauert nur wenige Monate an.

42-43
Explosiver Motor, dürftiger Rahmen: die
Kawasaki Mach III ist dennoch ein Erfolg.

43
Von der Suzuki GT750 gibt es auch eine
Rennversion, die in Italien produziert wurde.

1970 überarbeitet Norton die Commando, als deren Nachfolgemodell sie die Commando PR750 herausbringt; mit ebenfalls 70 PS erreicht sie eine Höchstgeschwindigkeit von über 200 km/h. Der Motor ist weiter unten aufgehängt, und das spezielle „Isolastic"-System isoliert den Rahmen von den Vibrationen des Zweizylinders.

44-45
Die Commando PR 750 von Norton ist eine Rarität. Von ihr werden nur 200 Exemplare gebaut.

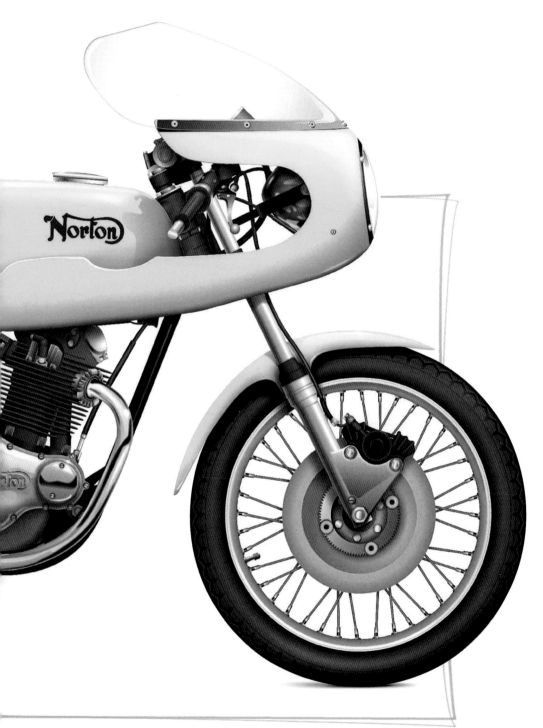

Die Reaktion von Ducati, Laverda und Guzzi kann sich sehen lassen. Was die Motoren betrifft, bleiben alle den Zweizylindern treu, führen dabei jedoch Neuerungen ein, die sie mit den entsprechenden Verbesserungen versehen bis in die heutigen Tage beibehalten. Aufsehenerregend ist der Fall von Ducati und ihrer desmodromischen Ventilsteuerung, die als Detaillösung zwar schon Ende des 19. Jahrhunderts bekannt war, jedoch erst durch die italienische Firma weiterentwickelt und in Produktion gebracht wird. Das Desmo-System behauptet sich nicht nur bis heute, sondern ermöglicht es auch, die gewaltigsten auf den Markt zu bringen, die die Motorradwelt je gese-

hen hat. Dass es sich dabei um eine phänomena-
les Ergebnis handelt, bestätigen im Übrigen auch
die Weltmeistertitel in Superbike und MotoGP.
Das Modell, mit dem die desmodromische
Ventilsteuerung ihren Einstand gibt, ist die Mark
3 mit 250, 350 und 450 cm3 Hubraumgrösse vom
Ende der 60er-Jahre.

46-47
Die Japaner wollen den Markt dominieren,
aber die Ducati Mark 3 kommt ihnen
dazwischen.

Ducati entwickelt aus jenen Motorrädern und eine Familie von in Serie gebauten Erfolgsprodukten und Laverda trägt sich in die Annalen der Motoren mit der 750 SFC (SFC bedeutet Super Freni Competizione, sprich Super-Bremse-Wettbewerb) ein: die Techniker nehmen sich die SF vor, verpassen ihr ein Windschild, setzen den Lenker und die Trittbretter tiefer und verstärken zur Fassung des 65 PS starken Parallel-Twins den Schwingenbereich. Und Moto Guzzi? Wie bei Laverda wird ein bestehendes Modell als Ausgangspunkt genommen, die V700. Mit neuen Bremsen und Aufhängungen sowie einem verstärkten Rahmen und neugestaltetem Gehäuse tritt die sogenannte „Guzzona" in Monza zu einem Testrennen an, bei dem sie der Kawasaki Mach IV um ganze 4 Sekunden schlägt.

48-49 oben
Die V7 750 Sport von Moto Guzzi stellt
19 Geschwindigkeitsweltrekorde auf.

48-49 unten
Laverda besteht nicht mehr, aber ihre
750 SFC ist ein begehrtes Sammlerobjekt.

50-51
Die Gold Wing ist das Projekt von
Soichiro Honda, mit dem er die
Harleys ausstechen wollte.

51
32 PS und 140 kg Gewicht: die
Yamaha XT 500 ist ideal für
Wettkämpfe „im Schlammloch".

Doch Honda, Yamaha, Kawasaki und Suzuki bringen die Motorradfans weiter mit Spezialeffekten aus dem Häuschen. Die 70er-Jahre sind vor allem durch die Honda Goldwing 1000 unvergesslich, eine opulente „Limousine" mit Vierzylinder-Boxermotor. Im gleichen Jahr erfindet Yamaha mit der XT 500 die Einzylindermaschine neu: die Vibrationen werden auf ein Minimum reduziert und das hervorragende Fahrverhalten sowohl im Gelände als auch auf der Strasse bringen die Enduro in Mode. Und die Europäer? Hier fällt das erste im Windkanal entwickelte Motorrad mit Vollverkleidung auf, die R100RS von BMW. Die Maschine mit einem Zweizylinder-Boxermotor bietet dem Fahrer Wetterschutz und Stabilität bei Schlaglöchern wie ein Auto und gilt jahrelang als klassischer Vertreter der Tourer. Die 70er-Jahre verabschieden sich mit dem Rücktritt von Agostini (1977) und dem Triumph von „Mike the Bike" Hailwood in der Motorrad-Weltmeisterschaft 1978 auf einer Ducati und räumen den verrückten 80ern das Feld, einem Jahrzehnt, in dem Pferdestärken und Hubräume in Grössenordnungen auftreten, die vorher nur bei Autos möglich waren.

51

Ein Paradebeispiel dieser Tendenz ist die Kawasaki Z1300, ein politisch geradezu unkorrektes Motorrad, so bösartig kommt es mit seinem wassergekühlten Sechszylinder-Quermotor daher. Bei einer Leistung von 120 PS und einer Höchstgeschwindigkeit von 230 km/h ist das Strömungsprofil zum Schutz des Fahrers nur gerade mal eben angedeutet. Eine Schnapsidee, die schon 1973 in den Köpfen der Kawasaki-Leute Gestalt anzunehmen beginnt, um eine Antwort auf die Gold Wing und die CBX 6 Zylinder von Honda zu geben. Das Ergebnis ist ein Motorrad, das bis heute dafür unvergessen ist, dass es mit einem Schlag das Niveau an Leistung und technischer Komplexität beträchtlich heraufgesetzt hat. In Bezug auf die Fahrbarkeit ist es allerdings aufgrund der Schwerfälligkeit seiner sechs Zylinder und des beachtlichen Gewichtes, das es auf die Waage bringt (300 kg), weniger phänomenal.

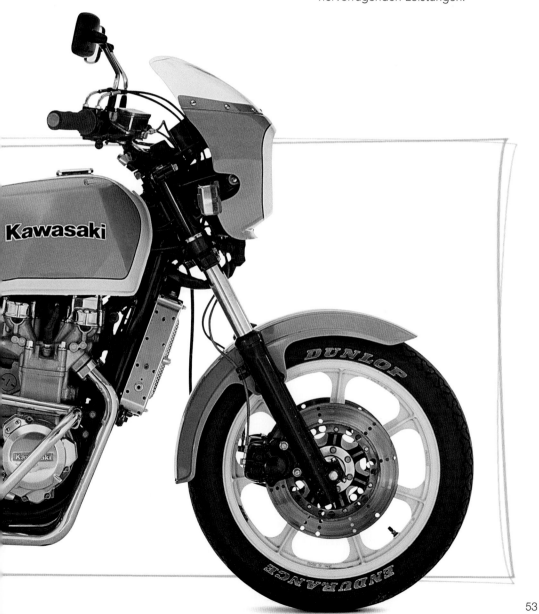

52-53
Gross, stark und voller Energie,
begeistert die Kawasaki Z1300 mit ihren
hervorragenden Leistungen.

Die frühen 80er sind auch die Jahre, in denen sich die Enduro behauptet, die dank der R80 G/S von Honda und der Paris Dakar zu unverhofftem Ruhm gelangt. Die im Gelände wie auf der Strasse gleichermassen taugliche Maschine hat nämlich einen wendigen und robusten Zweizylinder-Boxer-Quermotor, den sie sich bei ihren Tourenschwestern ausgeliehen hat. Des Weiteren überzeugt die Idee, den Kardanwellenantrieb in die Einarmschwinge der Hinterradaufhängung zu versenken, um sie so vor den gefürchteten Sandkörnern der Wüste zu schützen. Die Fans der Rennpiste trauern hingegen dem Jahr 1987, bzw. der VFR von Honda mit ihren Wunderwerken der Technik nach: Schubstangen aus Titan, Nockenwellenantrieb, doppelter konkaver Kühler und Anti-Hopping-Kupplung machen diese 750 zu einem waschechten Superbike mit Strassenzulassung. Kein Jahr später wird aus Hamamatsu, dem Sitz von Suzuki, mit der RGV Gamma geantwortet.

54-55 oben
Vorbote eines weltweiten Erfolges, die R80
G/S von BMW.

54-55 unten
Mit der VFR erreicht Honda ungeahnte
Höhen beim Einsatz von Spitzentechnologie.

Die Quelle der Inspiration ist die 250er-Kategorie der Weltmeisterschaft, von der „das Gammalein" den Zweitaktmotor und die Aggressivität aufnimmt. Aus ganz anderem Holz geschnitzt und für einen ganz anderen Geschmack konzipiert ist die R1100RS von BMW aus dem Jahr 1993. Hier bleibt der Zweizylinder-Boxer schön an seinem Platz, gewinnt aber die elektronische Einspritzung, die Steuerung mit vier Ventilen pro Zylinder und die separate Gangschaltung dazu.

Besonders innovativ ist der Rahmen, denn zur Aufhängung der Räder werden erstmals der Paralever (hinten) und der Telelever (vorne) eingeführt.

56-57
Die Suzuki RGV hat Weltmeisterschaften gewonnen und Motorradfahrer in der ganzen Welt erobert.

Kapitel 4

DIE ÄRA DER ELEKTRONIK

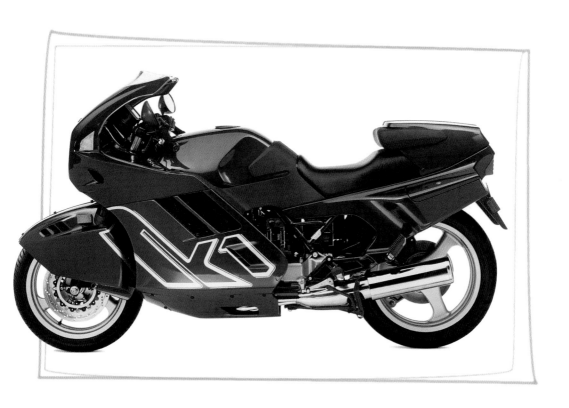

58
Die BMW K1 ist der Triumph der Elektronik, aber auch der aerodynamischen Verkleidung.

1988 WIRD DER SCHRITT VOM MODERNEN MOTORRAD ZUM MOTORRAD DER GENERATION 2.0 VOLLZOGEN. DAS GESCHIEHT DURCH DIE REVOLUTIONÄRE K1 VON BMW, DEM ERSTEN ZWEIRAD DER WELT MIT EINEM SYSTEM, DAS DEM BLOCKIEREN DER RÄDER BEIM BREMSEN ENTGEGENWIRKT, DEM ABS. EINE NEUHEIT, DIE AUF DIE FANGEMEINDE WIE EIN ROTES TUCH WIRKT, ANDERERSEITS ABER UNBESTREITBAR DIE FAHRSICHERHEIT MASSGEBLICH VERBESSERT, WESHALB MAN BEGINNT ÜBERLEGUNGEN DARÜBER ANZUSTELLEN, OB ES NICHT VIELMEHR ANGEBRACHT SEI, ABS GESETZLICH VORZUSCHREIBEN. WÄHREND DIE BEHÖRDEN DISKUTIEREN UND VIELE FIRMEN DER KONKURRENZ DIE FAHRZEUGE WERKSEITIG WEITERHIN OHNE ABS AUSSTATTEN, DURCHLÄUFT BMW IM JAHR 2009 DIE ZIELMARKE VON EINER MILLION MIT ABS VERKAUFTEN MOTORRÄDERN. IM JAHR 2004 PRÄSENTIEREN DIE BAYERN DAS ERSTE SYSTEM ZUR ELEKTRONISCHEN FAHRWERKSEINSTELLUNG (ESA). DAMIT NICHT GENUG, BIETET BMW IM JAHR 2005 ALS ERSTER HERSTELLER DER WELT MIT XENON-LICHT EIN SYSTEM ZUR SICHEREREN FAHRBAHNAUSLEUCHTUNG AN, SETZT NOCH IM SELBEN JAHR DIE AUTOMATISCHE REIFENDRUCKKONTROLLE IN UMLAUF UND LEGT SCHLIESSLICH 2006 DURCH DIE ANTRIEBSKONTROLLE DEN PFERDESTÄRKEN DES MOTORS ZÜGEL AN.

Die S1000RR von BMW: weltmeisterschaftsreife Leistungen durch
künstliche Intelligenz.

Und was soll man dazu sagen, dass BMW auf dem Supersport-Modell S 1000 RR das Race ABS einführt, das vom Fahrer per Knopfdruck je nach Fahrsituation gewählt oder ausgeschlossen werden kann? Die Puristen runzeln missbilligend die Stirn, aber die Fortschritte in der Motorrad-Elektronik machen Wunder wahr, und wer einmal mit Race ABS gefahren ist, will nicht mehr darauf verzichten. Dasselbe gilt für die Antriebsschlupfregelung der neuen Generation, die von den Rennmotorrädern kommt und bei der die Motorsteuerung das Drehmoment nach der bestehenden Bodenhaftung reguliert, wodurch die Sicherheit beim Fahren (und die Rennzeit auf der Piste) verbessert wird. Um noch mal auf die K1 zurückzukommen: Eine weitere wichtige Neuerung besteht in der Einführung der digitalen Motorelektronik zur Steuerung der Zündung und der Einspritzung. Es handelt sich um eine künstliche Intelligenz, die in der Lage ist, mehrere Faktoren (Motordrehzahl, Temperatur von Luft und Kühlflüssigkeit, atmosphärischer Druck usw.) zu berücksichtigen sowie die Betriebsgrössen des Motors aufzuzeichnen. Diese können dann in der Werkstatt zur genaueren Diagnose eines eventuellen Schadens ausgelesen werden. Auch wenn diese Themen sicher nicht die Herzen der Motorradfahrer höher schlagen lassen, gehören sie seit der vollverkleideten K1 heute zum ABC des Motorradfahrens.

Gitterrohrrahmen und schnittige Verkleidung: die Ducati
916 schlägt wie ein Blitz ein.

Während die Deutschen mit futuristischen Lösungen für
Überraschungen sorgen, verbreiten die Italiener ab den
90er-Jahren auf der Piste Schrecken. Aprilia, Cagiva, Ducati und
Gilera sind die Marken, die meisten Weltmeistertitel einho-
len. 1996 erscheint die Ducati 916. Der Supersportler, ein
Geschöpf des genialen Tamburini trägt innerhalb von
fünf Jahren in vier Superbike-Weltmeisterschaften
den Sieg davon und verkauft sich auch gut
durch ihr schnittiges Design, der nicht verkleide-
te Gitterrohrrahmen, der Underseat-Auspuff und die klei-
nen, tropfenförmigen Scheinwerfer. Doch ihr
eigentliches Nonplusultra offenbart sich
einem erst, wenn man sich auf ihren
Sattel schwingt: die Maschine
– „Pompone" genannt – ist
eine unendliche Quelle von
Drehmoment und Leistung
und schenkt in Kombination
mit der Präzision des Rahmens
auf dem Alltagsasphalt eine
Fahrbarkeit, die sonst der
Rennpiste vorbehalten ist.

Ducati bringt 1993 noch einen weiteren Klassiker heraus: die Modellserie Monster, eine Neudefinition des Naked Bikes. Die Mischung aus qualitativ hochwertigen Komponenten, durchdachtem Design und dem Feinsten, das die Mechanik der Produktion in Borgo Panigale zu bieten hat, bescheren ihr einen sensationellen Erfolg. Eine völlig andere Konzeption liegt der Suzuki GSX-R 1300 Hayabusa zugrunde, die eine vollständige Verkleidung aufweist und dank der 175 PS ihrer vier Zylinder und der sorgfältigen aerodynamischen Studie mühelos auf mehr als 300 km/h kommt. „Nur" 220 km/h erreicht dagegen die V-Rod, eines der revolutionärsten Modelle in der Geschichte von Harley-Davidson. Die Legende besagt, dass dieses Konzentrat aus Stahl und Verchromungen in einem italienischen Restaurant entworfen worden sei, wo der Chefkonstrukteur des Hauses flache, gewaltige, fast bedrohliche Striche auf eine Serviette zeichnete. Das Ergebnis ist ein Motorrad, das „männlich" ist. Reichlich Testosteron fliesst auch in dem kolossalen 2,2 Liter-Dreizylindermotor der Triumph Rocket (2004), dessen Elektronik ihn sogar drosseln muss, damit durch das ausufernde Drehmoment nicht die Bodenhaftung und damit die Sicherheit aufs Spiel gesetzt wird.

64
Die Monster wird ein grosser Verkaufserfolg
für Ducati.

65
Die Suzuki Hayabusa ist beispielhaft für ein
von Aerodynamik bestimmtes Design.

66-67
Weit auseinanderliegende Räder und
ein Motor der Grösse XXL: die Harley-
Davidson V-Rod ist rundherum „männlich".

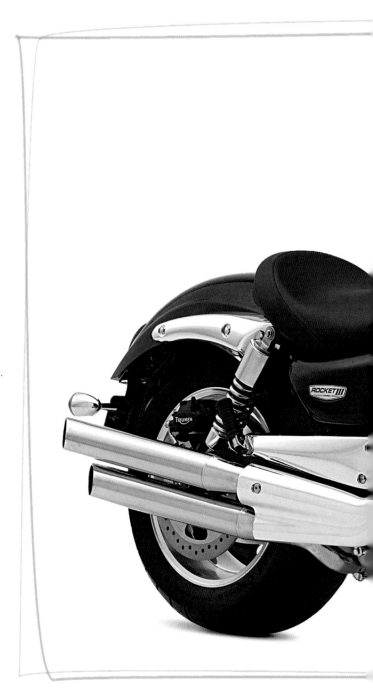

68-69
Die Triumph Rocket hat so viel
Hubraum wie ein Auto: 2,2 Liter.

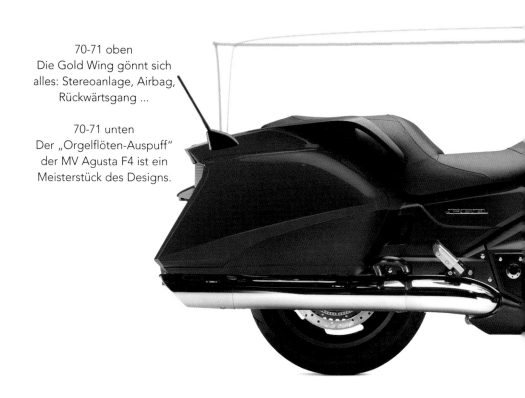

70-71 oben
Die Gold Wing gönnt sich
alles: Stereoanlage, Airbag,
Rückwärtsgang ...

70-71 unten
Der „Orgelflöten-Auspuff"
der MV Agusta F4 ist ein
Meisterstück des Designs.

2006 bilden Elektronik und Motorrad schon wieder ein Paar, und zwar in der Honda Gold Wing, der ersten Maschine mit Airbag. Hier erkennen die Sensoren eine bevorstehende Kollision, der Luftsack mindert den Aufprall des Körpers gegen das Fahrzeug und verhindert, dass der Betroffene in die Luft geschleudert wird. Genau entgegengesetzt stellt sich die Ducati Desmosedici aus demselben Jahrgang dar: Ihr Herz ist ein Vierzylindermotor in L-Form mit 200 PS, der in einem Gitterrohrrahmen „eingesperrt"

ist, während durch den Einsatz von Carbon die Verkleidungen und der Sesselrahmen leichter werden. Nochmals Italien, nochmals Emotionen: Im Jahr 2008 erblickt die F4 312RR 1078 von MV Agusta das Licht der Motorradwelt. Unter der Verkleidung verbirgt sich ein Vierzylinder-Reihenmotor mit Radialventilen und 1.078 cm3 Hubraum, der 190 PS bei 10.000 Umdrehungen hat und in der Maschine mit einem 6-Gang-Kassettengetriebe, der Anti-Hopping-Kupplung und einem soliden Rahmen vereint ist.

72-73
Die Ducati Desmosedici RR kommt dem
Motorrad am nächsten, das Capirossi im
GP 2006 gefahren ist.

Ein Jahr später verlässt die RSV4 das Werk der Aprilia in Noale, die Maschine, die zum Alptraum der Japaner und Deutschen (sowie der Landsmänner von Ducati) in der Superbike-Weltmeisterschaft wird. Ein Projekt, das das Zeug dazu hat, mit Max Biaggi im Sattel in drei Jahren zwei Weltmeistertitel zu erobern. Ganz anderer Art hingegen ist der Honda Integra, das gewagteste Crossover-Modell auf zwei Rädern, das je gesehen wurde. Das Design verbindet das Beinschild der Scooter mit dem Rahmen der Motorräder und wertet das Ergebnis mit einem Doppelkupplungsgetriebe auf. Weniger revolutionär und doch Held ihres Marktsegmentes ist die Kawasaki Z, deren Hubraumgrösse im Jahr 2013 von 750 auf 800 cm3 heraufgesetzt wird und deren Fahrgestell und Design perfektioniert werden, um so weiterhin der Bestseller der Naked Bikes mit Vierzylindern und einem erschwinglichen Preis zu sein.

74
„Gentechnik": beim Honda Integra
vermischen sich Motorrad und Scooter.

75
Die RSV4 Aprilia ist in der Superbike-WM
über Deutsche und Japaner siegreich.

76-77
Elementar und aggressiv, ist die Kawasaki Z
eines der beliebtesten Naked Bikes.

REGISTER

FOTONACHWEIS

Alessandro Bersani: S. 24, 26-27, 50-51

Bettmann/Corbis: S. 10, 12-13, 20

BMW AG Konzernarchiv: S. 8-9

Roland Brown: S. 1, 18-19, 65, 71

Paul Buckley: S. 30

Interim Archives/Archive Photos/Getty Images: S. 16

Dave King © Dorling Kindersley: S. 14-15, 17, 29 oben, 30-31, 32-33, 34-35, 38-39, 39, 42, 52-53, 56-57, 58-59, 64

PaoloGrana@mclink.it/www.bikes-garage.com: S. 5, 21, 36, 37

Phil Aynsley Photography: S. 46-47, 62-63, 72-73

Popperfoto/Getty Images: S. 4

Studio Carlo Castellani/Archivio White Star: S. 22-23, 28-29, 43, 44-45, 48-49 top, 48-49 unten, 54-55 oben, 54-55 unten, 66-67

Pascal Szymezak: S. 2-3, 40, 68-69, 75

Mit freundlicher Genehmigung von:

BMW AG: S. 60-61

Honda Italia: S. 6-7, 70-71, 74

Kawasaki Motors Europe: S. 76-77

Moto Club XT500 - www.xt500.it: S. 51

Vorderseite: FLHRC Road King Classic.
Pascal Szymezak
Umschlag Rückseite: BMW R32.
Studio Carlo Castellani/Archivio White Star

AUTOR DER TEXTE

Adriano Tosi wurde am 1. April 1983 in Mailand geboren. Nach dem Abitur an einem neusprachlichen Gymnasium absolviert er den Hochschulabschluss in Ökonomik und Betriebswirtschaft und beginnt für verschiedene Fachzeitschriften der Kategorie Auto und Motorrad zu schreiben. Im Jahr 2005 nimmt er seine Zusammenarbeit mit dem Go-Kart-Magazin Tkart auf und besorgt den Text eines Buch zur Rennsaison 2005 des Markenpokals von Maserati. Seit Ende 2006 arbeitet er als Journalist der Verlagsgruppe Mondadori für die Zeitschriften *Panoramauto*, *Auto Oggi*, EVO und die Website *Panoramauto.it*. Im Jahr 2010 besorgt er die Texte einer Sendung zur Formel 1 mit dem Titel „F1, la Sfida" und wird Reporter bei *OmniAuto.it*. Seit 2011 ist er zudem im italienischen Fernsehen als einer der Moderatoren der Serie *Yellow TV* zu sehen.

VMB Publishers®
ist eine eingetragene Marke von De Agostini Libri S.p.A.

© 2013 De Agostini Libri S.p.A.
Via G. da Verrazano, 15
28100 Novara, Italien
www.whitestar.it - www.deagostini.it

Übersetzung: Contextus s.r.l., Pavia (Gabriela Sponholz)
Redaktion Deutschland: Contextus s.r.l., Pavia

ISBN 978-88-540-2241-6
1 2 3 4 5 6   17 16 15 14 13

Gedruckt in China